プロが教える
現場で役立つ
手書きPOP

さとだてゆめこ

日貿出版社

心をつかむ手書きPOP

商品を買う時、「○○社の○○を買う」と計画してから来店する人は全体の**約2割**といわれています。**約8割**の人は店頭で迷いながら商品を選び、購入します。

また、人間が外界から得る情報量のうち視覚からの情報量は、一般に**全体の8～9割**といわれています。

来店時に「パッ」と目につき視覚に訴えるPOP（POP広告）は、「思わず商品を手に取る」という行動を促す重要な役割を果たします。それが人間味を感じさせる「手書き」ならば、更に高い訴求力が期待できます。印刷物ではない「手書きPOP」は、まず最初のアプローチの段階で一歩リードするツールです！

※参考資料：財団法人流通経済研究所編『インストア・マーチャンダイジング』日本経済新聞出版／公立大学法人会津大学短期大学部産業情報学科2015年度卒業研究論文要旨「消費者の非計画購買に与える要因」研究指導 八木橋彰 など

はじめに

「モノを売る」「情報を伝える」という行為は、古来より今に続く人間の営みです。モノを売る人は、どんな時代でも「より便利なものを、より新鮮なものを」「より生活にうるおいが出ますように…」と考え、販売方法に工夫を凝らしました。

日本では「香具師（やし）の口上」や「金魚売りの声」などの「呼び売り」から始まり、毛筆と墨で書いた「文字」で商品名や価格を知らせるようになり、やがて筆などのレタリングによるPOP（POP広告）が登場しました。現在はPC（パソコン）や手書きで作成したPOPが商品につけられるようになりましたが、近年「手書きPOP」の効果が再注目されています。

「モノを売る」とは「モノを押しつける」のではなく、モノを通して生活の質を向上させる「利便性」や「うるおい」を提供することを意味します。景気のよくない時ほど、お客様は「自分にとってプラスになるかどうか」ということが、購入のための大きな判断材料になります。様々な店舗が競合する中で、商品やサービスの情報を分かりやすく伝え、お客様に主体的に選んでもらうことが、今後ますます大切になってくると思います。

メッセージ性を感じさせる「手書き文字」をPOPに用いることで、より効果的にお客様の目を引き、心をつかむことが可能です。

本書は、店舗などで販売・販促に携わっている方が、基本的なPOPの知識、役割、重要性を知り、用具・用材をそろえ、制作を進めていけるような実践的なノウハウを紹介しました。また、様々な業種の方の参考にしていただけるよう、11名のPOPデザイナーにご協力願い、ご提供いただいたPOPサンプルを多数掲載しました。マーカーを初めて握る方から、現役のPOPライター、バリエーションを増やしたいPOPデザイナーまで幅広い方々にお役立ていただけると嬉しく思います。

本書を充分に活用され、「物言わぬ販売員」といわれる優秀なPOP達が全国で活躍することを願っております。

POPデザイナー、
グラフィックデザイナー、
制作工房「POP・DO」主宰
さとだてゆめこ

Contents

心をつかむ手書きPOP ……………………………………………… 2
はじめに ……………………………………………………………… 4

第1章 POP制作の基礎知識 …………………………………… 7

POP広告とは何か ……………………………………………………… 8
POPの役割 ……………………………………………………………… 9
POPの構成 ……………………………………………………………… 10
POPの種類 ……………………………………………………………… 12
手書きPOPの重要性 ………………………………………………… 14

column 01 消費税表示について ……………………………………… 16

第2章 POP制作の流れ ………………………………………… 17

POPの原稿をまとめる ………………………………………………… 18
用具・用材をそろえる ………………………………………………… 20
POP制作の手順 ………………………………………………………… 24
POPの見直しチェック ………………………………………………… 26
ディスプレイ（取り付け）する ……………………………………… 27

column 02 効果的なキャッチPOPとは ……………………………… 28

第3章 文字のレッスン ………………………………………… 29

丸芯マーカー …………………………………………………………… 30
　　ストローク 31 ／カタカナ 32 ／ひらがな 34
　　漢字の例 36 ／英字 38 ／数字 40
角芯マーカー …………………………………………………………… 42
　　ストローク 43 ／カタカナ 44 ／ひらがな 46
　　漢字の例 48 ／英字 50 ／数字 52
筆ペン …………………………………………………………………… 53
　　ストローク 53 ／サンプル 54

　　　　文字列のレッスン ……………………………………………… 56
　　　　レタリングデザイン …………………………………………… 58
column 03 縦書きの文字のそろえ方 ……………………………………… 60

第4章　デザインのレッスン …………………………………… 61

　　　　効果的なレイアウト …………………………………………… 62
　　　　囲み罫・飾り枠 ………………………………………………… 64
　　　　簡単イラスト …………………………………………………… 66
　　　　紙の形を工夫しよう …………………………………………… 68
　　　　POP向きの配色 ………………………………………………… 70
　　　　お助けグッズで引き立つPOP ………………………………… 72
　　　　手づくり立体POP ……………………………………………… 74
column 04 「POP検定」について …………………………………………… 76

第5章　POPサンプル集 …………………………………………… 77

　　　　ビューティ＆ヘルス系ショップ ……………………………… 78
　　　　エステ＆リラクゼーション系サロン ………………………… 82
　　　　衣料＆服飾系ショップ ………………………………………… 83
　　　　インテリア＆雑貨系ショップ ………………………………… 84
　　　　書店・CDショップ …………………………………………… 86
　　　　趣味＆レジャー系ショップ …………………………………… 88
　　　　フード＆スイーツ系ショップ ………………………………… 90
　　　　カフェ・レストランなど ……………………………………… 98
　　　　医療施設・公共施設など ……………………………………… 102
　　　　季節の商品に …………………………………………………… 104
　　　　お客様へのご案内 ……………………………………………… 106

付録　コピーして使えるPOPサンプル ………………………… 108

　　　　著者略歴 ………………………………………………………… 110
　　　　作品協力者 ……………………………………………………… 111

POP制作の
基礎知識

POPは物言わぬ販売員です。
心をつかむ手書きPOPで、売上アップ！

ＰＯＰ広告とは何か

POP広告（ポップこうこく）は、様々な業種・業態、公共の場などで重要な販売促進の「要（かなめ）」として、また情報伝達の手段として、広く使われ定着しています。

一般的には「POP広告」を更に略して「POP（ポップ）」と呼んでいます。本書でも、以降「POP」と表記します。

商品をただ並べているだけでは売れません。

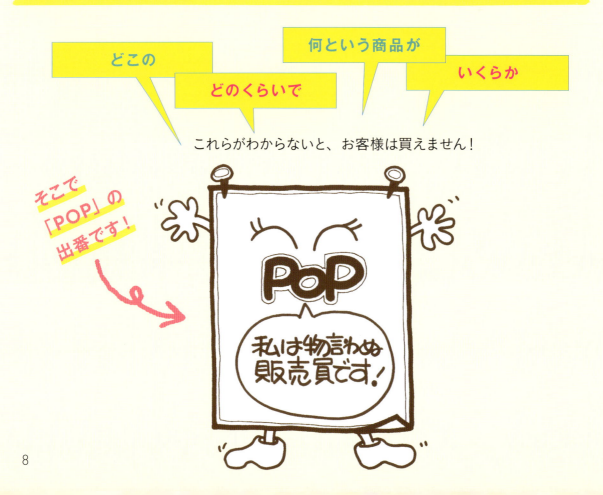

ＰＯＰの役割

ＰＯＰの主な役割は次の通りです。

商品を選ぶ時に必要となる情報の提供
例）商品名、価格、サイズ、産地、特徴…など。

お客様の生活が「より良くなる」というイメージの伝達
例）体にいい、きれいになれる、前向きになれる…など。

商品の認知度を高める
その場で購入に至らなくても、商品の存在を知らしめることで次回の購買行動へとつなげる。

お店や売り場の雰囲気を盛り上げる
「SALE !!」「○% OFF」などのコピー効果で、売り場の雰囲気アップ！

POPは、店員に代わって商品情報を提供し、お客様の購買意欲を促進させるためのツールです。

商品には、店舗などで販売する「モノ（物財）」のほか、飲食店やヘアサロンなどで提供される「サービス」なども含まれます。

第1章 ● POP制作の基礎知識

ＰＯＰの構成

POPは、主に次の項目の組み合わせで構成されます。

1 キャッチコピー
見る人の「目」と「心」を引きつける書体と色のワンフレーズ。ちょっと大げさな言い回しでも良い。

2 ボディコピー
商品の説明や情報。内容に偽りなく、分かりやすい説明を心がける。

3 アイテムタイトル（商品名）
商品（モノやサービス）の名称。イベントの名称なども含まれる。

4 単位
個数、サイズ、重量などは、購入を決定するために必要な情報。

5 価格
購入時の大事な判断材料。読みやすく表示する。2018年10月1日より消費税額を含めた価格を表示することが義務づけられる（16頁参照）。

6 アクセント
囲み罫や飾り枠、イラストやカットなど。アクセント一つで「目」と「心」が引きつけられることも多々ある。

商品の性質によって、「単位」の表示が省略されることもあります。

一般的なPOPの例

単位を省略する場合もあります。

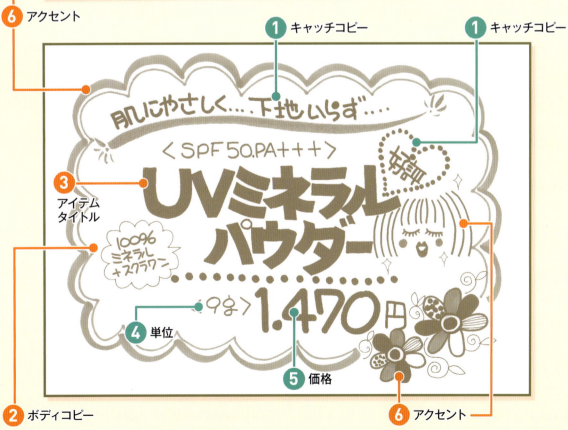

ＰＯＰの種類

POPはサイズや役割によって、次のような種類に分けられます。

① ウィンドウPOP
（ショーケース内の小さなPOP）

- アクセサリーや時計、コロンなど、ショーケース内に陳列する商品用のPOP。
- 単位と価格だけの小さなPOPや立体POP。

② 小プライスPOP
（カードサイズくらいの小さめPOP）

- パンやスイーツ、書籍、コスメ系商品など、小さな商品向けのPOP。
- キャッチコピーとアイテムタイトル、価格ぐらいの構成で。

③ プライスPOP
（A5サイズくらいからの読みやすいPOP）

- 一般的に何にでも使いやすく、書きやすいPOP。
- キャッチコピー、ボディコピー、アイテムタイトル、単位、価格が読みやすく書き込める大きさのPOP。

④ キャッチPOP
▶28頁参照
（変型POP、立体POPが効果的）

- 見る人の心と目を引きつけるためのPOP。
- 商品説明よりもキャッチコピーが主体のPOP。

5 ショーカード
（演出のためのPOP。ショー（show）は、英語で「見せる」という意味）
- プライスPOPと違い、売り場を演出したりイメージを喚起させるためのPOP。
- イラストや飾り枠を多用すると効果的。

6 ポスターPOP
（イベント告知や案内POP）
- イベント情報の案内やお知らせなどを伝えるポスター型のPOP。
- 縦向きのものが多く、大きめのサイズが読みやすい。

7 メニューPOP
（食料品店、飲食店、カフェなどで使われる）
- 食べたくなるようなイラストを添えたり、写真をコラージュするなどの工夫も大切。
- 最近はブラックボードに油性チョークでアート的に表現するメニュー看板も増えてきた。

手書きPOPの重要性

PC（パソコン）の普及でデジタルフォント（書体データ）を使ったPOPが多くはなっていますが、他店との差別化、新鮮み、個性やオリジナリティーという見方から、「手書きPOP」の重要性が再認識されています。細かい文字の部分や文字数が多いボディコピーはPCで作り、目を引くキャッチコピーやアイテムタイトル、価格は手書きで…と、使い分けても良いでしょう。

「手書き」の持つアイキャッチ力が、目と心を引きつける。	「手書き＝店員やスタッフからのメッセージ」という印象を与える。商品への親近感や信頼感が生まれる。	売場状況への即応力が高く、差替えが簡単にできる。	誰にでも、PCがなくても、その場でも、作ることができる。

第1章 ● POP制作の基礎知識

column 01

消費税表示について

2016年現在多く使われている「1,000円＋税」や「1,000円（税別）」という**外税表示**は、2018年9月30日までという期限付きの特別措置により認められているものです。2018年10月1日以降は、消費税額を含めた価格を表示する**総額表示**が義務づけられます。消費税額を含んだ価格（支払い総額）が明瞭に表示されていれば、「総額表示」に該当します。例えば本体価格が1,000円で消費税が8%の場合、下記のように表示します。

外税表示（2018年9月30日まで認められます）

1,080 円
1,080 円（税込）
1,080 円（税抜価格 1,000 円）
1,080 円（うち消費税額等 80 円）
1,080 円（税抜価格 1,000 円、消費税額等 80 円）
1,000 円（税込 1,080 円）

詳しくは国税庁ホームページ内タックスアンサーに記載されている〈No.6902「総額表示」の義務付け〉をご参照下さい。

総額表示（2018年10月1日以降、義務づけられます）

https://www.nta.go.jp/taxanswer/shohi/6902.htm

第2章

POP制作の流れ

適切な情報をコンパクトにまとめましょう！
目的の応じて、用具用材を使い分けましょう！
見やすさ、伝わりやすさを大切に！

POPの原稿をまとめる

POPの文字原稿を作る時の手順は、下記の通りです。

1 伝える情報を最小限にまとめる

▶「ひと目で読ませるPOP」が効果的。盛り込む内容は必要最小限にする。

2 POP用紙の質や大きさを決める

▶ 立体POPは堅めの紙を使う。プライスPOPは商品の大きさの1/3～1/5くらいが適当。

3 キャッチコピーを決める

▶ お客様（見る人）の心をキャッチするひと言を！ 少し大げさな表現が効果的。ただし内容についての虚偽はNG。

4 ボディコピーを決める

▶ 商品説明、特徴などを簡潔に！　大げさな言い回しはNG！　内容は正確に！　メーカーの商品説明文をアレンジしてもOK。

5 アイテムタイトルやイベント名、単位や価格を確認する

▶ 商品（モノやサービスなど）やイベントの名称、価格や単位（数量やサイズなど）も正確に！　価格は、消費税の表示方法に注意が必要（16頁参照）。

用具・用材をそろえる

ペン類

鉛筆・消しゴム
ペンで書く前の下書き用に使う。

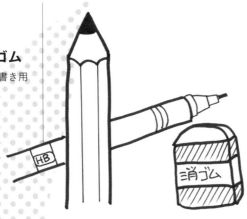

丸芯マーカー
（先端が丸くなっているフェルトペン）
キャッチコピーからボディコピー、アイテムタイトル、価格まで、幅広く活躍！

角芯マーカー
（先端が角型にカットされているフェルトペン）
アイテムタイトル、価格、キャッチコピーなど、大きく目立たせたい時に！

筆ペン・カラー筆ペン
味わいのある文字が書ける。アイテムタイトルや価格にも…。和風POPやメニューでも活躍！

先細ペン
（ペン先の細いサインペン）
小さなPOPのボディコピーやイラストのアウトラインなどに！

水性マーカーと油性マーカーの違い

「マーカー」は安価で入手しやすく、すぐ乾くので、現場でのPOPづくりで大活躍します。ただし「油性」「水性」で扱い方が少し異なるので、注意しましょう。

水性マーカー
（水性顔料マーカー）

- 紙にしみにくく、裏抜けしにくい。
- 発色がよい。
- 乾きにくい。
- 乾くと耐水性になるものもあるが、それ以外は水に濡れるとにじむ。
- 油性マーカーより高価。

ファッション衣料、エステサロンやドラッグストアの商品、書籍、CDなどのPOPで、パステル調の中間色を生かしたい時は、水性顔料マーカーで！

油性マーカー

- 紙にしみ込みやすいので、裏抜けしやすい。
- 色がはっきり出るので、売り出しPOPなどに向いている。
- 水性顔料マーカーより安価。

食料品（特に水産物）や子供関係の商品は油性マーカーで！

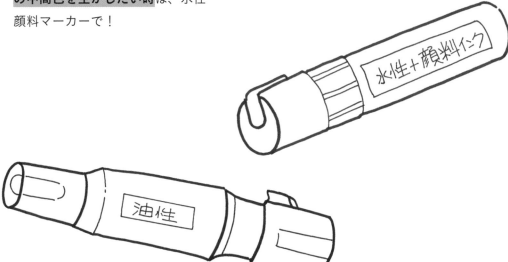

紙類

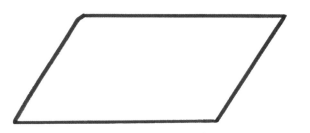

ケント紙

一番よく使われる。POPにはハガキや名刺くらいの厚さ(約0.2mm)が適当。画材屋さんが近くになくて入手困難な時は、上質紙(厚口)で代用できる。

マーカーや筆ペンののりが良く、適度な堅さがあるので立てやすい。変型にカットしても形崩れしにくい。白ケントの他にカラーケントもある。

上質紙
（厚口）

ケント紙が手に入らない時に！ ただし、ケント紙より軟らかいので、ディスプレイ方法に注意する。

その他

和紙や色紙：和食のメニュー、呉服や和菓子などの和風POPに。
カード：フェミニンなPOPに。
ボール紙など：ワイルドなPOPやアート的・クラフト的なPOPに！

イラストボード、スチレンボード

いろいろな厚さや大きさのものがある。直接ボードに書くことができるので、イベントのタイトル看板などのベース（支持体）に向いている。厚みがあって丈夫なので、長時間ディスプレイする時などに！

洋紙のサイズ

洋紙のサイズは大きく分けてA判とB判の2つの系列があります。
紙を購入する時の参考にして下さい。

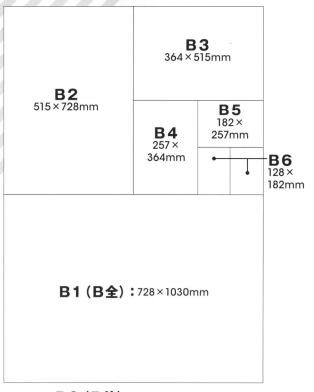

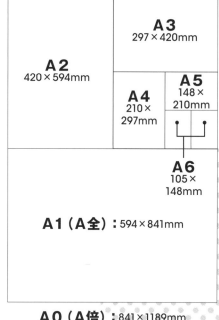

※A判B判とも、それぞれに続く数字が1つ増すごとにその半分の寸法になります。

one point lesson

机を汚さないようにしましょう

マーカーを使う時は、**インクが裏抜けしないように紙の下に反古紙や古新聞などを敷いておきましょう。**また、POPにフチ取りをしたい時は、下記の点に注意してください。

- 机を汚さないように下に反古紙などを敷いておきましょう。
- POP用紙からはみ出し気味にラインを引きましょう。
- フリーハンドでもOKですが、「キチンと感」を出したい時は、スケール（定規）を使いましょう。

ＰＯＰ制作の手順

ここで紹介するのは、一般的な「プライスPOP」の制作手順です。
アイテムタイトルが2～3行になる時はPOP用紙を縦向きにしたり、
キャッチコピーをもっと大きくレイアウトしたりして、応用しましょう！

❶ 周囲の余白をとる。

❷ 鉛筆の薄い線で、それぞれの配置を決める。

- 天地左右のセンターにガイドライン（位置を決める時の目安となる線）を引く。
- レイアウトのガイドラインを引く。
- アイテムタイトルのアタリをとり、下書きをする。
- 価格のアタリをとり、下書きをする。
- コピーを入れる場所のアタリをとり、下書きをする。

❸ 配色を決める。

❹ マーカーや筆ペンで書き込みを始める。

- ベタ（マーカーなどで塗りつぶすこと）にする場所に鉛筆の線が入っていたら、消しておく。
- 文字は、全体が広がらないようにツメ気味に書く。
- 価格などにコンマをつける時は、少し空ける。
- 価格は数字同士を少し重ねると、視覚的効果で割安感が出る。
- 単位は価格のすぐそばに！　カッコなどで囲むと見やすい。
- 「¥」や「円」マークは数字より小さめに！
- アクセントのイラストやカットはPOPの引き立て役。あまり大きくならないように！
- 最後に、全体を引き締める罫線（ライン）を入れる。

❺ 出来上がったら、誤字脱字がないかをチェックする。

POP制作の実際

下記のPOP原稿（POPに入れる文字情報）を渡された場合、どのように制作するかを見てみましょう。

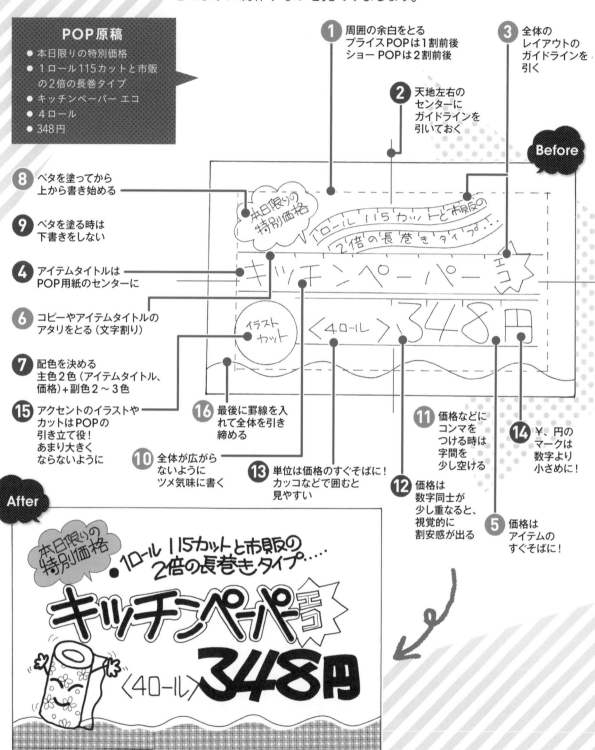

POPの見直しチェック

POPは、制作が終われば完成というわけではありません。
最後に必ず誤字脱字をチェックしましょう。
自信のない時は、スタッフ仲間にもチェックしてもらいましょう。

❶ 誤字脱字をチェックする。

特に「価格」は大事ですので、充分気をつけましょう。

❷ もし間違いを見つけたら？

- 1〜2文字の場合／地色（POPのベースの色）が白い場合
  ▶直したい部分を修正テープでカバーして、その上から書き直します。
- 直したい範囲（面積）が大きい場合／地色がカラーの場合
  ▶直したい部分より少し大きめの色紙を貼って、その上から書き直します。

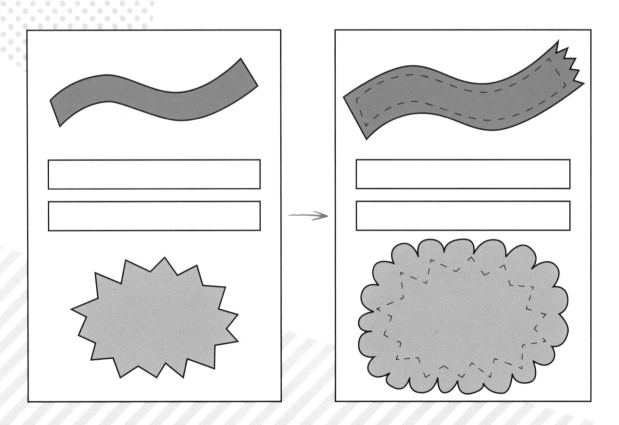

ディスプレイ（取り付け）する

出来上がったPOPは、ディスプレイする場所に合った方法で取り付けましょう。
壊れたり外れたりしてしまわないように、商品が見づらくならないように、
またお客様にぶつからないように、気をつけてください。

平台
商品の間から取り付け器具でPOPをはさむことが多い。

棚
小さめのフラッピングPOP（スイングPOPともいう）など。弾力性の高い素材を使用して取り付け、空中でゆらゆら揺れることで人目を引く。棚に直に取り付ける（粘着力の弱いテープなどを使う）。

壁面
ポスターPOPやイベントPOP、案内POPなどを直に貼ることが多い。壁面素材にあった方法で貼る。

空間
モビールなどで空間を演出したり、案内表示（天吊りPOP）などで店内をわかりやすくする。

ワゴン
ワゴンセールなどの時は、ワゴンの袖が効果的。

column 02

効果的な
キャッチPOPとは

心をつかむワンフレーズを「キャッチコピー」といいます。このキャッチコピーのみで作るPOPを「キャッチPOP」といいます。多少大げさな言い回しも効果的ですが、商品内容の虚偽はNGです。

良いキャッチコピーとは？

購入後や使用後にお客様が良いイメージが持てるようなコピーをワンフレーズで表現しているもの！

キャッチPOPのディスプレイ

キャッチPOPは目を引くように。フラッピング（突き出し）、立体、商品に直貼りなどが効果的！

キャッチコピーの作り方

- 商品の特徴を一つ挙げる。
  - ▶「塗るだけ！」「コンパクト！」など。
- 時間的な特徴を一つ挙げる。
  - ▶「新登場！」「3ヶ月で−◯kg」など。
- 購入後の特徴を一つ挙げる。
  - ▶「さっぱりスベスベ！」「胸キュンが止まらない…」など。

第3章

文字の
レッスン

丸芯マーカーは誰でも気軽に使えます。
角芯マーカーは、力強い文字が書けます。
筆ペンは、「手書きらしさ」が伝わります。

第3章 ● 文字のレッスン

丸芯マーカー

特徴（形状は20頁参照）

先端が丸くなっているので、角度を気にせずに書けます。
太さを変えれば、小さな文字のコピーからアイテムタイトルまで書けます。
読みやすいがインパクトに欠ける時は、デザインをプラスして。
先細ペンも丸芯マーカーと同様に使えます。

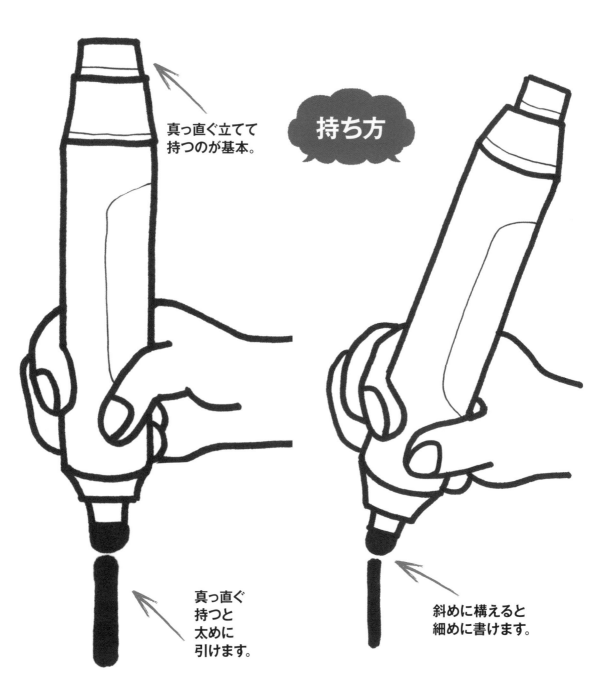

真っ直ぐ立てて持つのが基本。

持ち方

真っ直ぐ持つと太めに引けます。

斜めに構えると細めに書けます。

ストローク

丸芯マーカー

カタカナ

ア	イ	ウ	エ	オ
カ	キ	ク	ケ	コ
サ	シ	ス	セ	ソ
タ	チ	ツ	テ	ト
ナ	ニ	ヌ	ネ	ノ
ハ	ヒ	フ	ヘ	ホ
マ	ミ	ム	メ	モ
ヤ		ユ		ヨ

丸芯マーカー

| ラ | リ | ル | レ | ロ |
| ワ | ヲ | ン | ゛ | ゜ |

クロワッサン

ティッシュペーパー

ベビーソープ

ビーフハンバーグ

オープニングセール

フリーマーケット

あ	い	う	え	お
か	き	く	け	こ
さ	し	す	せ	そ
た	ち	つ	て	と
な	に	ぬ	ね	の
は	ひ	ふ	へ	ほ
ま	み	む	め	も
や		ゆ		よ

ら	り	る	れ	ろ
わ	を	ん	゛	。

りんご くるみ

しょうが なす

おかあさん

おいしい きのこ

きれいに ながもち

かわいい ねこ

春	夏	秋	冬	食
買	得	国	産	月
日	曜	雑	貨	特
集	限	定	販	売
子	供	婦	人	紳
士	手	肌	効	果
的	前	後	左	右
保	存	期	間	年

丸芯マーカー

春のお花見弁当祭り

夏の大感謝祭

30周年記念セール

徳用5回分

九州産鯵棒寿司

英字

A	B	C	D	E
F	G	H	I	J
K	L	M	N	O
P	Q	R	S	T
U	V	W	X	Y
Z		a	b	c
d	e	f	g	h
i	j	k	l	m

丸芯マーカー

n	o	p	q	r
s	t	u	v	w
x	y	z	,	.

OPEN SALE

OFF TIME

SWEETS

FLOWER

Clearance

Chocolate

数字

1	2	3	4	5
6	7	8	9	0

¥198

1,270円

3,900円

¥15,600

12月25日

AM 9:30 OPEN

one point lesson

丸芯マーカー

小さな文字や長文を書く時は、先細ペンを使います。
数量や定価の単位を書く時も、他のマーカーと組み合わせて先細ペンを使います。

太

当店おすすめの品.いわし
電子レンジOK！ミックスチーズ
現代人に欠かせないカルシウム
Healthy Cooking

中

野菜の王様 ほうれん草
健康に美容に栄養たっぷり椎茸
洗髪後に髪になじませて流すだけ.
ご結婚おめでとうございます.
ワインギフト 承ります.ラッピングサービス

細

袋に入れて冷凍保存して頂くと長もちします。
畑の肉といわれる大豆が原料の豆乳は.
タンパク質がいっぱいでコレステロールの少ない
飲み物です。牛乳と同じ様にお料理にも。

角芯マーカー

特徴（形状は20頁参照）

先端が角型にカットされているので、
太いラインや力強い文字が書けます。
きれいに書けるようになるのに少しレッスンが必要です。

持ち方

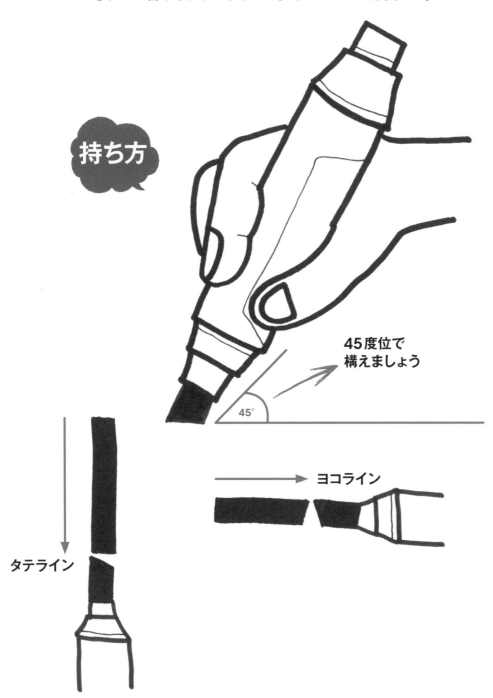

45度位で構えましょう

45°

タテライン

ヨコライン

ストローク

角芯マーカー

カタカナ

ア	イ	ウ	エ	オ
カ	キ	ク	ケ	コ
サ	シ	ス	セ	ソ
タ	チ	ツ	テ	ト
ナ	ニ	ヌ	ネ	ノ
ハ	ヒ	フ	ヘ	ホ
マ	ミ	ム	メ	モ
ヤ		ユ		ヨ

角芯マーカー

| ラ | リ | ル | レ | ロ |
| ウ | ヲ | ン | ゛ | ゜ |

セール サービス

オニオンブレッド

コスメティックフェア

インナーウェア

コンパクトデザイン

ビタミンカラー

ひらがな

あ	い	う	え	お
か	き	く	け	こ
さ	し	す	せ	そ
た	ち	つ	て	と
な	に	ぬ	ね	の
は	ひ	ふ	へ	ほ
ま	み	む	め	も
や		ゆ		よ

角芯マーカー

| ら | り | る | れ | ろ |
| わ | を | ん | ゛ | 。 |

おいしいとうふ、

うれしいにんじん。

みんなのたけのこ。

かぼちゃです。

食	卓	味	果	実
贈	答	好	適	品
春	夏	秋	冬	花
本	日	入	荷	魚
全	国	祭	酒	産
予	約	新	発	売
承	店	子	供	野
紳	士	婦	人	菜

京都直送

売り出し期間

鮮度抜群

毎日お買得

英字

A	B	C	D	E
F	G	H	I	J
K	L	M	N	O
P	Q	R	S	T
U	V	W	X	Y
Z	a	b	c
d	e	f	g	h
i	j	k	l	m

n o p q r
s t u v w
x y z , .

IN OUT
SALE OFF
SPRING
SUMMER
AUTUMN
WINTER
CHRISTMAS

角芯マーカー

数字

正体

1 2 3 4 5
6 7 8 9 0

斜体

1 2 3 4 5
6 7 8 9 0

コーヒー
198円

ベーコン
¥420

パジャマ
3,900円

フライパン
1,750円

筆ペン

特徴
（形状は20頁参照）

ペン先（筆先）が毛筆のようになっているので、「手書きらしさ」が伝わりやすい。
文字に強弱のアクセントがつけられたり、いろいろな太さのラインが引けたりします。
ペン先の特性から、小さな文字のコピーには不向きです。
ここではストロークと文字サンプルを紹介します。

持ち方

筆ペンは、普通にペンやマーカーを持つ時と同じように持ちます。

ストローク

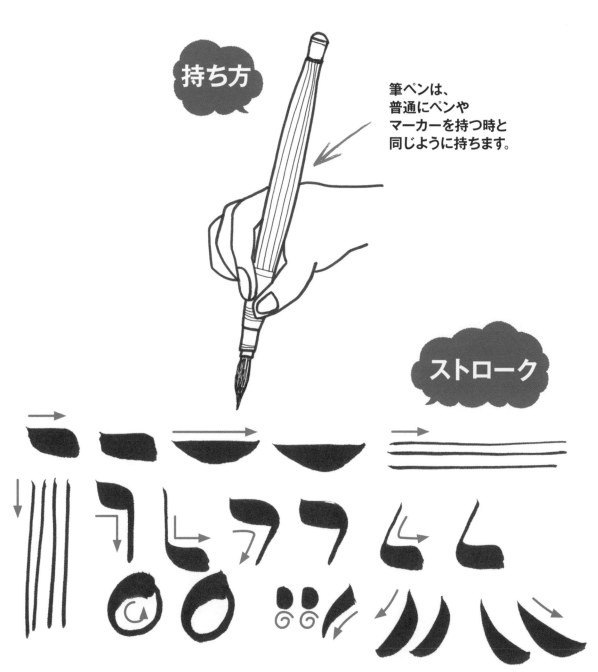

サンプル

三 ⅲ ﾉﾉ 八 ㇄ ㇄ フ フ

○ ○ フ フ ㇄ ㇄ ◎ ◎ ❾ ❾

スプリング フェスティバル

サマーセール 10%~15% OFF

広告の品　おすすめ品

お買得品　謝恩セール

ご奉仕品　実施中!!

全国うまいもの祭り

新商品キャンペーン

アンチョビオリーブパン　￥360

こしひかり　(5kg)　1,980円

いわしの南蛮漬　(120g)　289円

花柄キルトマット　3,750円

Spring Sale　Summer Fair
10%off!!　Opening Party

1234567890

1234567890

￥238　1,540円　￥6,790

第3章 ● 文字のレッスン

文字列のレッスン

POPのコピー文は、文字のツメ方や行間の調整によってとても読みやすくなります。

① POPの文字間はツメると まとまり感が出て読みやすい。

横にツメる
▼
POPの大きさを
最小限にできる。
＋
ひと目で
読み取りやすい。

チョコレートクロワッサン

←ツメる チョコレートクロワッサン ツメる→

価格もツメる
▼
余白がない分
安価に見える。
緊急性や力強さを
感じさせる。

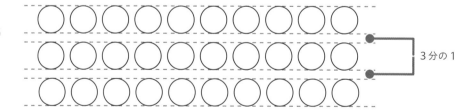

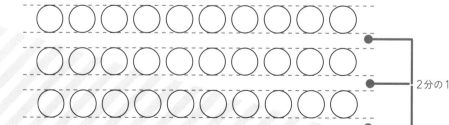

② 行間の工夫

▶ 文字は上下がくっついていると読みにくい。行間（行と行のアキ）を調整する。

3行くらいまでの場合
行と行のアキは、
文字高の3分の1
くらいで！

〜 3分の1

3行以上の場合
行と行のアキは、
文字高の
2分の1以上で！

〜 2分の1

3 読みやすい文字列　5つの要点

- 文字の大・中・小のメリハリをつける！
- 文字間はツメて、文字の下ラインをそろえる！
- 価格もツメる！
- 行間は行数に応じてアキを考える！
- 全体としてPOP用紙の中央に集まるように！

4 文字の太さとマーカーの太さの関係

インパクトを出したい時
▼
「アキの少ない仕上がり」になるような太さで。

商品を説明したい時や高級感を打ち出したい時
▼
文字同士がくっつかないような太さのツール（筆記具）を使う。

レタリングデザイン

キャッチコピーやイベントの名称、おすすめのアイテムなどをアピールしたい時は、レタリングデザイン＝デザイン文字がよく用いられます。

やわらかいイメージ

かたいイメージ

緊急性を伝える

ユニークな印象

季節感を演出

過度にデザインしなくても、
少しの工夫でデザイン文字は作れます。

基本
ラッピング

白いペンで
文字にラインを
入れたもの

文字の周りを
先細ペンのラインで
囲んだもの

文字の先に
短いラインを足して
動きを出したもの

縦書きの文字の そろえ方

横書きの場合は文字の下ラインをそろえると読みやすいのに対して、縦書きの場合は文字のセンターが真っ直ぐそろうようにするとよいでしょう。鉛筆で薄く縦のラインを引き、それを目安に書くと、ヨレ感（崩れている感じ）なく読みやすくなります。

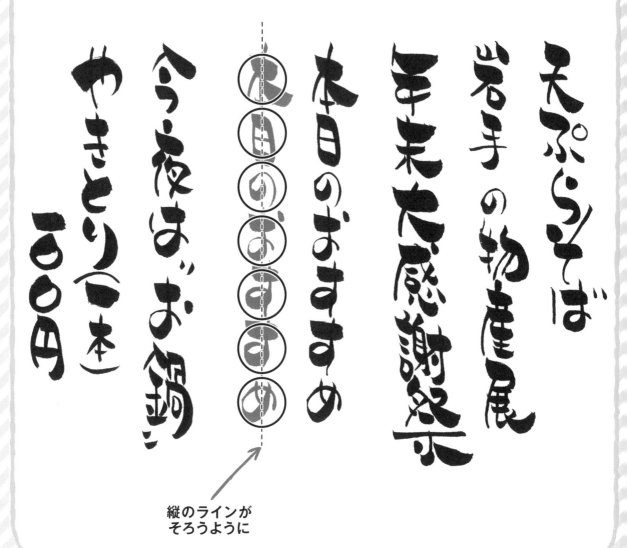

↑ 縦のラインが そろうように

第4章

デザインのレッスン

効果的なデザインは、
ひと目で商品の特徴を伝えます。
レイアウトや配色のコツをマスターしましょう。

効果的なレイアウト

POPの内容をひと目で分かるようにするためには、効果的にレイアウトすることが重要です！

① POPは、下記の要素の組み合わせで構成されています。

キャッチコピー／ボディコピー／アイテムタイトル（商品名やイベント名）／単位／価格

② POPのレイアウトは、そのPOPの目的により、使い分けると効果的です。

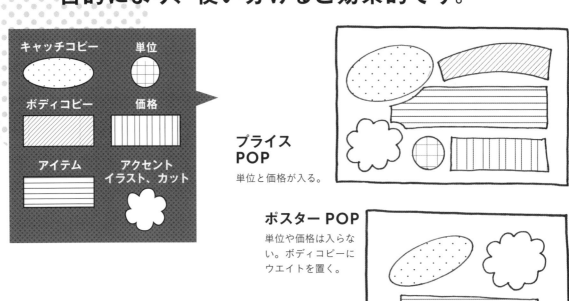

プライスPOP
単位と価格が入る。

ポスターPOP
単位や価格は入らない。ボディコピーにウエイトを置く。

ショーPOP
単位や価格は入らない。

❸ イメージづくり

曲線を多く使うと、ソフトなイメージのPOPになる。

❹ 動線を利用する

人間の目の動きは左上から右下に移行するのが一般的なので、それを利用して配置する。

❺ 縦書きの場合のレイアウト

縦書きレイアウトの時は、縦列ばかりになると読みにくくなるので、キャッチコピーなどは上部に横書きでまとめて入れると、読みやすくなる。

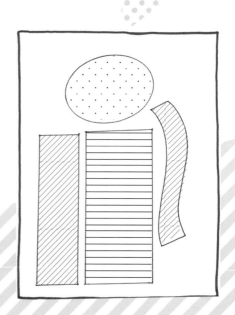

囲み罫・飾り枠

より注目を集めたい時や、文章が羅列してメリハリの出ない時は、
囲み罫や飾り枠で引き締めましょう！

1 囲み罫

「罫(けい)」とは、文字をそろえたり見やすくしたり装飾したりするための「線」のことです。文字を取り囲む枠線を「囲み罫」といいます。囲み罫を効果的に使うことで、POPの読みやすさ、分かりやすさがアップします。

▼ 目を引く

▼ フラッピングPOPなど

▼ まとまって見える

▼ ソフトな感じを与える

2 アイキャッチ向きの囲み罫

一番最初にお客様の目を引きつけるものを「アイキャッチ」といいます。囲み罫を使うことでインパクトを強めます。

3 飾り枠

装飾的な囲み罫を「飾り枠」といいます。POP全体を引き締めたり、印象的な表情を作ることができます。

部分的な飾り枠の例

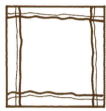
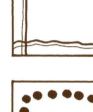

全体的な飾り枠の例

4 飾り枠のパターン

いくつかのパターンを覚えておくと、目的に合わせて使い分けができます。

簡単イラスト

やはり「イラスト」は注目度を高めます。POPの内容を
ひと目で知らせることができるのも、イラストの長所です。

① イラストは重要ツール

イラストはPOPにとって「良いアクセント（目に飛び込んでくるビジュアル）」になります。また、ひと目でPOPの内容を伝えることもでき、訴求力バツグンです。
「イラストは苦手…」という方も、少しレッスンしてコツをつかみ、上手にPOPに生かして下さい。

② イラスト制作の手順

素材を選ぶ
イラスト集や商品パッケージを参考にする。

▶

下描き
POPの邪魔にならない程度の大きさでのレイアウトを考えて、まず鉛筆で下描きをする。

▶

アウトライン（輪郭線）を描く
ペンでアウトラインを描く。使う色は黒が最適。

▶▶

▶ **鉛筆の下描き線を消す**
色を塗る前に鉛筆の線を消しておく。

▶ **色をつける**
POPのイメージに合わせて濃淡を調整する。

③ 手順例

果物 リンゴとブドウ

鉛筆で下描き

アウトラインを描く

色をつけて完成

料理 肉料理

鉛筆で下描き

アウトラインを描く

色をつけて完成

行事 クリスマス

鉛筆で下描き

アウトラインを描く

色をつけて完成

紙の形を工夫しよう

POP用紙も一工夫で引き立ったり、インパクトが出たり、
やさしい印象になったりします。

一般的な横長型
どんなPOPにも合います。

角を丸くする
角が当たらないので安全。
児童書などのPOPに。

二つに折る
立体POPに（75頁参照）。

花型カット
（雲型カット）
楽しげなムードになります。

フラッピング
POPに
空気の動きで揺れるように、テープ状のもので取り付けます。堅めの紙か透明シートを利用して。

ショーPOPに
カラーペーパーを台紙にしてインパクトを強めます。

扇型カット
和風のPOPに。

立体POPに
立たせる時の土台は、安定感のあるものを。画材店でもいろいろなカード立てが売られています。

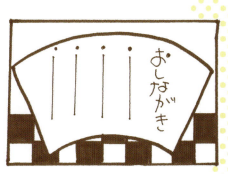

メニューPOPに
和風の紙を台紙にしてメニューなどに。

フラッグ型カット
大きめのPOPに

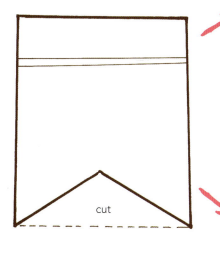

空間を利用したPOPに
天井の色や壁の色と同系色になると目立ちません。周りに溶けこまないよう、はっきりとしたカラーで。

案内POPに
わかりやすい書体で。矢印などはアクセントの効いた色を使いましょう。

ＰＯＰ向きの配色

色は、「色彩学」「色彩心理学」という学問があるほど奥深く幅広いものです。
また「カラーコーディネーター」という職種があるほど専門的なものでもあります。
本書では色について深く掘り下げるというよりも、POPを制作する上で、
効果的で役に立つ配色を、シーズンカラーで紹介します。

春のイメージカラー

新しいシーズンの始まり。明るく前向きなイメージの元気な色を中心に。

春カラーのPOPが合うシーン

- フラワーショップ
- スイーツ系ショップ
- ベビー用品店
- ファンシーショップ
- 手芸・雑貨店
- 婦人服・婦人洋品店
- コスメショップ
- 春のイベントPOP

イメージカラー ＋ アクセントカラー

夏のイメージカラー

涼しさを感じさせるブルー系のクールカラーを中心に。

夏カラーのPOPが合うシーン

- コスメ・ヘルス系ショップ
- ドラッグストア
- ビューティーサロン
- 紳士服・紳士洋品店
- 生鮮食品店
- 夏のイベントPOP

イメージカラー ＋ アクセントカラー

秋のイメージカラー

落ち着いたダーク系、木の実や落葉をイメージさせるカラーを中心に。

秋カラーのPOPが合うシーン

- 洋菓子・和菓子店
- ベーカリー
- カフェ、コーヒー専門店
- うどん・そば屋
- 青果店、農産物直売所
- オーガニック系ショップ
- 「和」をテーマにしたPOP
- 秋のイベントPOP

イメージカラー ＋ アクセントカラー

冬のイメージカラー

商品がモノトーンになりがちな季節なので、はっきりとしたビビッドカラーを中心に。

冬カラーのPOPが合うシーン

- 食器店
- CDショップ、書店、文具店
- ホームセンター
- 公共施設の情報POP
- 案内POP
- クリスマス・お正月POP
- 冬のイベントPOP

イメージカラー ＋ アクセントカラー

黒の使い方

しっかり伝えたい時や強調したい時に。

- 黒色は人にとって一番読みやすい（視認しやすい）色です。文章や単位など読みやすさを優先したい時は、黒を使いましょう。
- インパクトが足りない時に、黒のラインでフチ取りをしてみたり、シャドーを入れたりして、効果的に使いましょう。

お助けグッズで引き立つPOP

マーカーや筆ペンで書くだけではなく、市販のいろいろなグッズの助けを借りてPOPを引き立たせましょう。制作時間の短縮にもなります。

市販のマスキングテープを使う

市販のスタンプを使う

千代紙や染紙、模様紙を使う

その他のグッズを使う

修正ペン

クラフトパンチ

市販のメッセージカード

手づくり立体POP

POPを立てたり、浮かせたり、紙以外に書いたりすると、
見やすくなったりインパクトが得られたりします。

スタンドPOP

書店などでよく使われます。スタンドは安く市販されています。ソフトワイヤーでも簡単に自作できます。

フラッピングPOP

ドラッグストア、コスメ系ショップ、書店など、商品が小さめで棚陳列の時などに使われます。浮かせる用材は堅めの紙か透明シートを細長くカットして。

二つ折りPOP

ウィンドウ内や棚置きスペースに用いることが多いPOPです。あまり大きいと立ちにくくなります。上部のカット次第でPOPの形が変わり、引き立ちます。

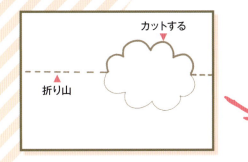

その他の立体POP

身近なものを利用して、効果的な見せ方を工夫してみましょう。

紙コップを利用する

うちわを利用する

紙袋を利用する

column 04

「POP検定」について

正式名称：「POP広告クリエイター技能審査試験」
時期：年2回実施（2月、8月 / 2016年現在）
主催：一般社団法人公開経営指導協会
〒104-0061　東京都中央区銀座2-10-18
東京都中小企業会館6F　TEL：03-3542-0306

　年2回行われる「POP検定」は、手書きPOPの技能とPOP制作をする上での基礎知識、販売する側としての知識を認定してくれる、国内唯一の審査機関です。

　基本書体・レタリングデザイン能力、POPの制作技術、応用力、カラーコーディネート力などの実技のほかに、POP制作の基礎知識や販売促進についての知識などの学科が出題されます。

　「合格認定証」が貰えると、販売の仕事に就く時などに有利になりますし、何より「合格」に向けて目標を持ってレッスンすることで技術が身につきます。

　本書で紹介しているPOP文字の書体やレタリングデザインの書体は、誰でもまねをしてすぐに書けるように自由度の高いものにしています。POP検定の「POPの応用力」の問題には充分対応できるでしょう。ただし、POP検定の「基本書体の技術問題」では「丸ゴシック」「角ゴシック」という活字的な書体を書くレタリング技術が求められますので、実技試験に対応したカルチャースクールの講座や通信講座、テキストなどでそれぞれの書体の書き方を身につけてください。

第5章

POP
サンプル集

さとだてゆめこと11名の
POPデザイナーによるサンプルを業種別に掲載！
まねしたりアレンジしたりして、お役立て下さい。

ビューティ&ヘルス系ショップ

ラインストーンを貼って、キラリと光る演出をしています。

エステ＆リラクゼーション 系サロン

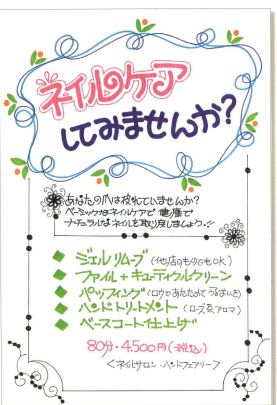

衣料 & 服飾 系ショップ

インテリア&雑貨系ショップ

書店・CDショップ

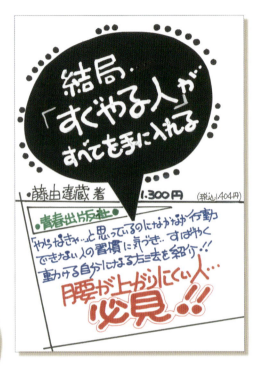

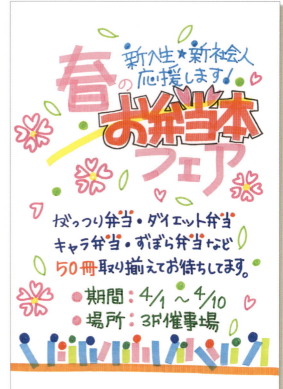

趣味 & レジャー系ショップ

フード＆スイーツ系ショップ

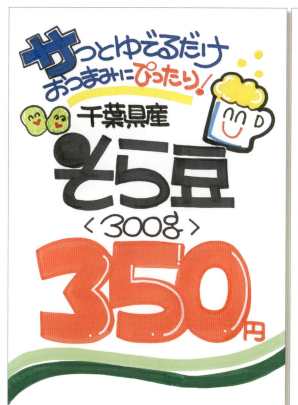

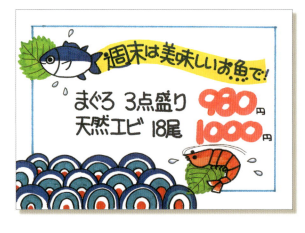

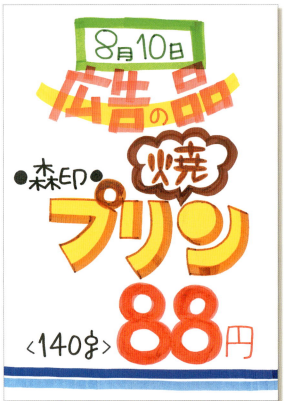

輸入食品フェア

世界の各地から とっておきの美味を!!

里いもの五目煮
⟨100g⟩ 390円

大根のうま煮
⟨100g⟩ 250円

コンニャクの白和え
⟨100g⟩ 300円

アスパラの豚巻き
⟨100g⟩ 290円

はんぺんのうに焼
⟨100g⟩ 530円

ワンコインランチ
ヘルシー弁当
・和風・中華・イタリアン 各種
¥500

祝!!20才成人式
ワインでカンパイ

全国駅弁まつり

人気の駅弁を集めました！
試食コーナーあり
3コ以上で100円引

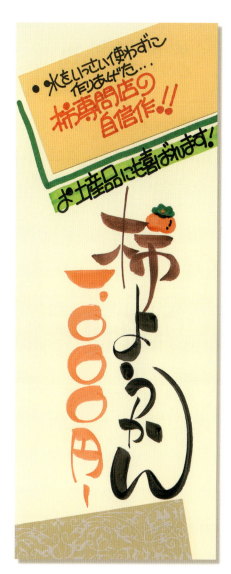

カフェ・レストランなど

小さくカットした段ボールを貼ることで、手づくり感をアップ。

色画用紙を筒状にして、パンケーキのイメージに。

小さなテーブルに置く立体POPは、省スペースのスタンドタイプが便利です。

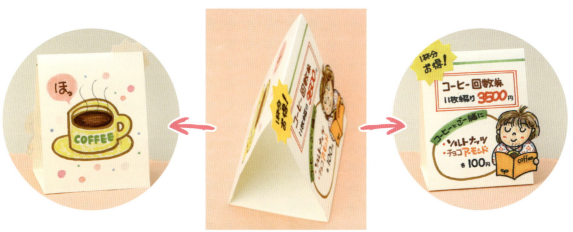

両面を使ってもよいでしょう。クラフト感覚で工夫してみてください。

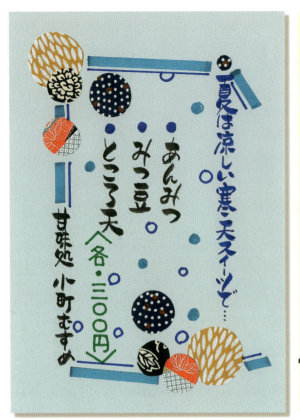

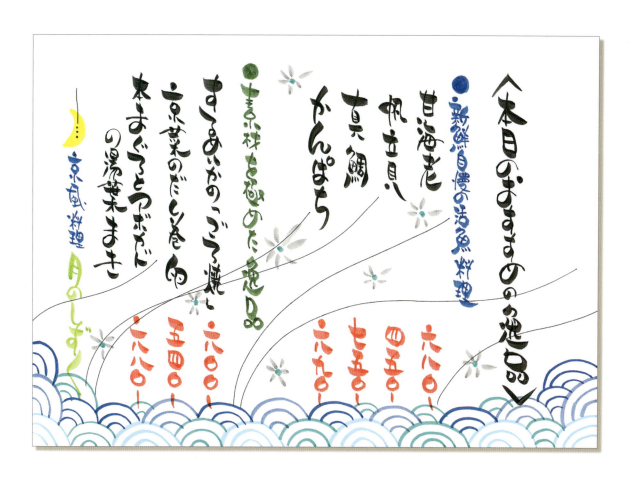

医療施設・公共施設など

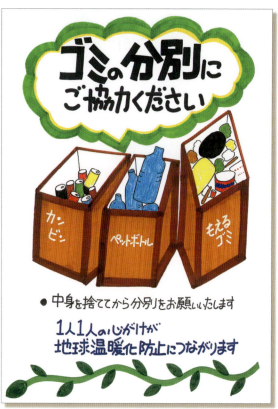

季節の商品に

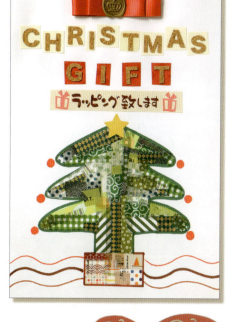

お客様へのご案内

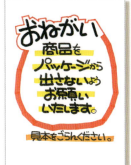

# POPサンプル

カラーコピーをとり、切り取って、厚紙に貼ればすぐにPOPとして使えます。置く場所に合わせて拡大・縮小して使ってください。空欄部分には必要事項を書き込んでください。

profile

さとだてゆめこWebsite
http://yumekosatodate.jimdo.com/

さとだて ゆめこ

POPデザイナー、グラフィックデザイナー、レタリングデザイナー。岩手県生まれ、湘南在住。

「筆文字」を生かした文字デザインをベースに、POP制作を始める。のち、マーカーPOPを含めたPOPデザインの研修会およびカルチャースクールでの指導、店内ディスプレイ、企業のロゴデザインの制作など幅広く活動中。これまでに100人以上のPOPライターを輩出。

現在、制作工房「POP・DO」および、遊書舎「宙-SORA」を主宰。遊書舎「宙-SORA」では、世界の古代文字を学び合い、和文の遊書と組み合わせた作品を制作、国内外で展覧会を開催している。また、トンパ文字のワークショップを開き、NHK教育テレビや民放テレビなどで「トンパ文字のカード作り」を紹介するなど、トンパ文字・古代文字の楽しさを伝えるべく活動中。

著書に『POPゼミ』『楽しい 目を引く 手作り立体POP』『メニューデザイン』、共著書に『お待たせしない 実用ラッピング』がある。また、『古代文字で遊ぶ』『世界の古代文字』などに作品を多数提供（以上、「里舘由美子」のペンネームにて、マール社より刊行）。日貿出版社からは、『おしゃれな文字アート』『文字アートの年賀状』『筆書きのカリグラフィー』『筆文字で季節のカード』『筆文字のハッピーカード』『和モダン花カード』『カラー筆ペンで文字あそび』を刊行。

作品協力者 (50音順)

制作工房「POP・DO」は、さとだてゆめこのPOPデザイン教室（112頁参照）で
マーカーPOP・筆文字POP・文字デザインを学んでいるメンバーの集まりです。
現在、POPライターとして現場でPOPを書いたり、文字デザイナーとして出版物などに
作品を提供したりと活躍中です。今回は少しでもPOPの現場に役立ってほしいと思い、
たくさんのPOPサンプルを提供していただきました。今後も「心を届けるPOP」づくりに、
更に磨きをかけていきたいと思っています。

安室美根子
制作工房「POP・DO」所属。POP歴3年。

いながわ えつこ
制作工房「POP・DO」所属。POP歴19年。

おだじま いみこ
制作工房「POP・DO」所属。POP広告クリエイター、販売士、キットパスアート認定インストラクター。POP歴3年。

こしざか偉猫
制作工房「POP・DO」所属。気楽な感じのPOPが好きです。POP歴12年。

佐々木聡子
POPライター、株式会社ビゴ東京トントン・ビゴ港南台高島屋店勤務。『手描きPOPの見本帳』（エムディエヌコーポレーション）に作品を提供。POP歴3年。

清水恵里子
制作工房「POP・DO」所属。筆文字の和風POPや立体POPを得意とする。POP歴4年。

田中あけみ
制作工房「POP・DO」所属。POP広告クリエイター、カリグラファー、カルチャー教室講師、チョークアーティスト。POP歴3年。

土屋由美
制作工房「POP・DO」所属。POP広告クリエイター。筆のカリグラフィーもただいま修業中。POP歴5年。

福村正代
制作工房「POP・DO」所属。POP広告クリエイター、消しゴムはんこ作家、カルチャー教室講師。POP歴3年。

松崎弥生
POP広告デザイナー。似顔絵やイラストが得意。大手量販店にてPOP制作を担当。POP歴10年。

余宮ミカコ
「y.yカンパニー・ポッピンクラブ」主宰。POP広告クリエイター、雑貨作家、カルチャー教室講師。POP歴5年。

POP制作のご依頼は、さとだてゆめこWebsiteの「CONTACT」（お問い合わせフォーム）よりお願いします。

さとだてゆめこの
POPデザイン教室のご案内
（2022年8月現在）

- ●ヨークカルチャーセンター
  茅ヶ崎校　0467-58-1010
- ●よみうりカルチャーセンター
  横浜校　045-465-2010
- ●辻堂カルチャーセンター
  0466-31-0411

このほか、企業向けPOPセミナー、グループ開催のPOP教室などの講師も受け付けております。ホームページ「さとだてゆめこWebsite」をご覧ください。

〈掲載協力〉
一般社団法人公開経営指導協会

いずみ書房株式会社
株式会社KADOKAWA
株式会社青春出版社
有限会社風媒社
株式会社ほるぷ出版
ユニバーサルミュージック合同会社

本書の内容の一部あるいは全部を無断で複写複製（コピー）することは、法律で認められた場合を除き、著作者および出版社の権利の侵害となりますので、その場合は予め小社あてに許諾を求めて下さい。

プロが教える
現場で役立つ手書きPOP

●定価はカバーに表示してあります

2016年12月23日　初版発行
2022年 8 月 1 日　6刷発行

著　者　さとだて ゆめこ
発行者　川内長成
発行所　株式会社日貿出版社
　　　　東京都文京区本郷 5-2-2　〒113-0033
　　　　電　話　（03）5805-3303（代表）
　　　　FAX　　（03）5805-3307
　　　　郵便振替　00180-3-18495

印刷　株式会社ワコープラネット
撮影　糸井康友
© 2016 by Yumeko Satodate／Printed in Japan
落丁・乱丁本はお取替えいたします

ISBN978-4-8170-8228-2　　http://www.nichibou.co.jp/